AF203343

Sarah Michaela Orlovský

Eine
halbe Banane
und die Ordnung
der Welt

Sarah Michaela Orlovský, geboren 1984 in Linz, schreibt seit 2009 in den unterschiedlichsten Ländern Afrikas und Europas – aber immer für Kinder und Jugendliche. Sie hat ihr Notizbuch an der Uni Wien, sowie in Zambia, Armenien, Äthiopien, der Slowakei und Rwanda gefüllt. Mittlerweile erprobt sie gemeinsam mit ihrer Familie die Eigenheiten des sesshaften Lebens im Salzkammergut. Zwischen den Tiefen des Traunsees und den luftigen Höhen der Berggipfel entsteht bereits wieder eine neue Geschichte.
orlosa.wordpress.com

Im Tyrolia-Verlag sind von ihr u. a. die mehrfach ausgezeichneten Jugendbücher »Tomaten mögen keinen Regen« (2013) sowie »ich. #wasimmerdasauchheißenmag« (2017) erschienen.

2021
© Verlagsanstalt Tyrolia, Innsbruck
Umschlaggestaltung: Elisabeth Kihßl
Satz- und Layoutgestaltung: Nele Steinborn, Wien
Schriften: Bogart, Quadrat Sans
Druck und Bindung: FINIDR, Tschechien
ISBN 978-3-7022-3918-3 (gedrucktes Buch)
ISBN 978-3-7022-3924-4 (E-Book)
E-Mail: buchverlag@tyrolia.at
Internet: www.tyrolia-verlag.at
Facebook: Tyrolia Verlag Kinderbuch

MIX
Papier aus verantwor-
tungsvollen Quellen
FSC
www.fsc.org   FSC® C014138

KULTUR
LAND
OBERÖSTERREICH

Wir danken dem Land
Oberösterreich für die
freundliche Unterstützung

Sarah Michaela Orlovský

Eine halbe Banane und die Ordnung der Welt

Tyrolia-Verlag • Innsbruck–Wien

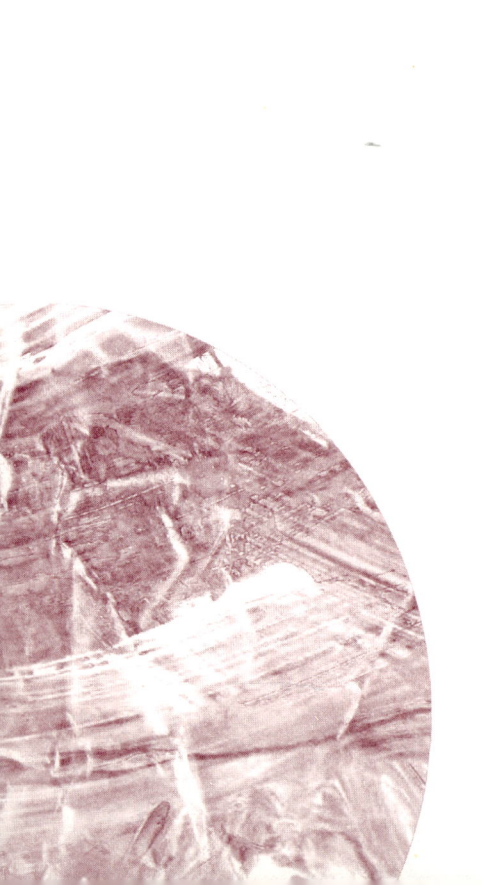

Klopf-Klopf

Barbara?
Hörst du mich?
Ich weiß, dass du nicht rauskommen willst.
Das kann ich gut verstehen.
Mama und Papa können wirklich nervig sein.
Vor allem, wenn sie einen zu etwas zwingen wollen.
Immer glauben sie, sie wissen, was das Beste für uns ist.
Ich kenne das.
Und ich hasse es.
Genau wie du.

Es ist nur ...

Früher bist du am Abend immer zu mir gekommen.
Du hast mir einen Gute-Nacht-Kuss gegeben.
Wenn mich etwas beunruhigt hat, habe ich es dir erzählt.
Das mit dem gestohlenen Schal.
Und als Timo mich so geärgert hat.
Du kannst gut zuhören.
Es war immer ganz leicht, dir etwas zu erzählen.
Viel einfacher als bei Mama und Papa.

Du fehlst mir, Barbara.

Du bist jetzt schon so lange in deinem Zimmer.

Sonst konnte ich immer zu dir kommen.

Egal wann. Egal warum.

Ich kann mich einfach nicht an die versperrte Tür gewöhnen.

Natürlich brauchst du wegen mir nicht rauszukommen.

Ich dachte nur, ich erzähle dir, wie es mir so geht.

Vielleicht interessiert es dich ja.

Klettern

Weißt du noch, als du mich zum ersten Mal gesichert hast?
Ich bin die orange Route geklettert.
Bis ganz oben!
Obwohl ich fast gestorben wäre vor Angst.
Unten habe ich dann geweint.
Du hast mich ganz fest umarmt.
»Mein bärenstarkes Äffchen«, hast du gesagt.
»Meine mutige Eidechse.«

Ich war nur dieses eine Mal in der Kletterhalle.
Ich würde so gerne noch einmal hingehen.
Zusammen mit dir.

Ich brauch dich, große Schwester.
Ich brauch dich doch.

Besserwisser

Du weißt schon so viel, was ich noch lernen muss.
Du kannst ausrechnen, wie schnell Züge fahren.
Wie lang man von A nach B braucht.
Ich kapier Mathe einfach nicht.
Du kannst Englisch und Französisch und Spanisch.
Kennst alle Flüsse in Russland.
Du weißt viel mehr als ich.
Logisch, du bist ja auch älter.
Aber Älter-Sein reicht manchmal nicht.
Es kann auch umgekehrt sein.
Dass Jüngere etwas besser wissen.

Ich kann zum Beispiel Hula-Hoop.
Am längsten von allen.
Ich backe die besten Kirschcremeküchlein.
Und ich weiß, wie schön du bist – besser als du selbst.
Ich sehe dich jeden Tag.
Ich sehe, wie sich die Leute nach dir umdrehen.
Vor allem Damian.
Der kann sich gar nicht sattsehen an dir.

Geschwindigkeit ist Weg durch Zeit.
Okay.
Das glaube ich dir.
Glaub du mir bitte, dass du schön bist.
Und zwar wun-der-schön, bitte sehr.

Lücke

Weißt du noch, mein erster Zahn?
Der erste, der ausgefallen ist?
Ich habe Panik bekommen.
Natürlich hab ich gewusst, dass der Wackelzahn
irgendwann ausfällt.
Aber dass da so ein großes, weiches Loch bleiben würde ...
Und überall war Blut!

Du hast mir den Rücken gestreichelt.
Du hast meinen Kopfpolster neu bezogen.
Du hast mir eine deiner schönen Dosen geschenkt.
Für diesen Zahn und für alle, die noch folgen.
Du hast gesagt, alles wird gut.

Eine Zeit lang war die Lücke da.
Es war ein seltsames Gefühl.
Als würde es ständig ziehen.
Als wäre ein Fenster schlecht geschlossen.
Du hast gesagt, das geht vorbei.
Aber ich habe mich nie daran gewöhnt.
Du hattest trotzdem Recht.
Es war nur vorübergehend.
Die Lücke ist wieder zugewachsen.

So ist das mit Lücken.
Sie sind nicht für immer.
Sie wachsen wieder zu.
Wenn man ihnen Zeit gibt.
Das hast du selbst gesagt.

Das wünsche ich dir auch:
dass deine Oberschenkel-Lücke wieder zuwächst.

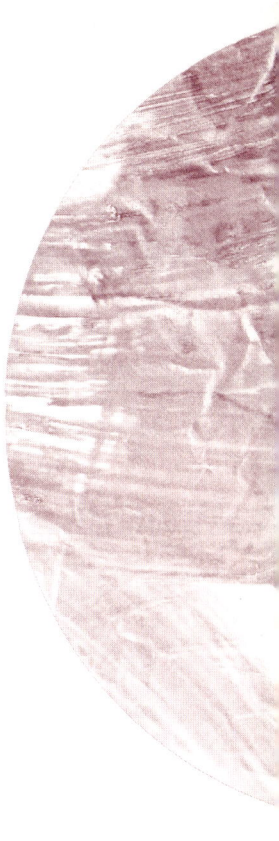

Loch

Ein Loch ist nicht NICHTS.

Da ist immer etwas drin oder drum herum.

Kälte

Immer trägst du lange Ärmel.
Immer schleppst du deine Wärmeflasche mit dir herum.
Draußen ist zwar Winter, aber wir haben eine Zentralheizung.
Und Papa heizt jeden Tag den Kachelofen ein.
Wir schwitzen alle.
Ist dir wirklich kalt?
Von außen?
Oder mehr von innen drin?

Lacken und Lachen

Es friert schon.
Die Lacken am Schotterweg haben sich mit einer dünnen
Eisschicht zugedeckt.
Zuerst habe ich es gar nicht bemerkt, so hauchzart ist das Eis.
Es trägt noch nicht.
Ich habe Anlauf genommen und bin mit beiden Beinen
hineingehüpft.
PLATSCH!
Es knirscht und knackt und spritzt.
Herrlich!

Das ist das Beste an dieser Jahreszeit.
Und du hast es mir gezeigt.
Weißt du noch?

Wir haben gespielt, wer die meisten Eislacken in der
kürzesten Zeit zerspringt.
Einen Punkt pro Lacke.
Fünf Punkte, wenn man die andere nass spritzt.
Zehn Punkte, wenn sie so nass ist, dass sie nach Hause
gehen muss.
Du bist ausgerutscht und hast dich mitten in
eine Lacke hineingesetzt.
Das muss so kalt gewesen sein!

Aber ich hab die zehn Punkte nicht bekommen.
Du hast so gelacht, dass du nur mit Hilfe aufstehen konntest.
Und dann bist du einfach weitergesprungen.

Daran muss ich oft denken.

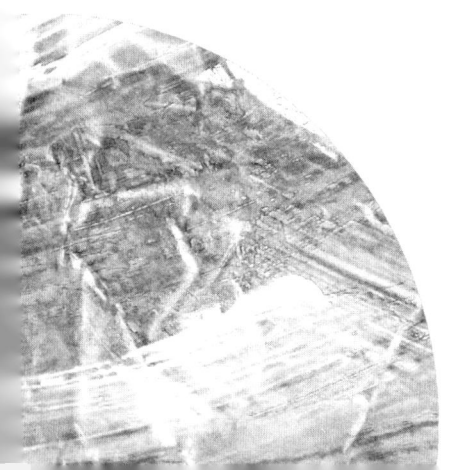

Formel 5

Unser Formel-5-Rennen haben wir als Film auf deinem
Handy.
Aber der Film in meinem Kopf ist viel echter.
Man sieht alle Farben.
Die Geräusche sind klar und angenehm, ohne Echo.

Ich sehe es ganz deutlich vor mir:
Wie wir »Formel 5« auf ein Stück Pappkarton schreiben.
Wie wir mit dem Lift fahren, bis ganz nach oben.
Wie ich in den Einkaufswagen steige, dein Handy in
der Hand.
Wie du dich auf den Griff lehnst, dein wildestes Lächeln
im Gesicht.
Wie du Gas gibst.
In einem Mördertempo sind wir auf dem leeren Parkdeck
herumgesaust.
Im Slalom rund um die Säulen, mit Karacho in die Kurven.
Wir waren im Geschwindigkeitsrausch.
Ich habe gekreischt.
Es hat uns geschleudert und ein Mal sind wir fast umgekippt.
Aber nur fast.
Begeisterung, Angst, Glück, alles war gleichzeitig in mir.
Danach hatte ich Halsweh vom Schreien und Bauchweh
vom Lachen.

Es war perfekt.

Können wir uns den Film von deinem Handy gemeinsam
ansehen?
Wenn nicht jetzt, dann ein anderes Mal, bald?
Lachen auf Video.
Die beste Medizin.

Kreislauf

Ich weiß noch, als du das erste Mal umgefallen bist.
Vor der Schule.
Du hattest solches Glück!
Fast wärst du mit dem Kopf gegen den Radständer geknallt.
Aber dein Kopf ist sanft gelandet.
Mitten im Blumenbeet.
Wie auf einem Polster.
Du hattest nur Erde im Gesicht.
Und eine Schramme an der Hand.
Du bist einfach aufgestanden und nach Hause gegangen.
So, als wäre nichts gewesen.
Ich wollte dir nachlaufen, aber ich musste mich hinsetzen.
Meine Beine haben so gezittert.
Damian hat mich gefragt, ob ich Hilfe brauche.
Eigentlich wollte er dich fragen, da bin ich mir sicher.
Aber du warst ja schon weg.

Du warst schon lange weg.
Auch wenn du da warst.

Der Schlüssel

Ich glaube, Mama will das gar nicht.
Das Nerven und Nörgeln und Mosern und Mäkeln.
Eigentlich würde sie dich lieber umarmen.
Aber sie kann nicht.
Du hast die Tür zugesperrt und dich selbst irgendwie auch.
Das hat sie zu Papa gesagt.
Im Badezimmer.
Und irgendetwas ist mit dem Schloss und dass sie den
Schlüssel nicht mehr findet.
Ich habe es nicht genau verstanden.
Mama hat sich dauernd geschnäuzt.
»Es ist alles so verdreht«, hat sie gesagt.
»Sie fällt ständig um, aber ICH fühle mich ohnmächtig.«
Irgendwie so.
Und dann der Wasserhahn.

Normalerweise spart Mama Wasser.
Immer.
Aber letzte Woche ...
Da hat sie das Wasser laufen lassen.
Ganze fünf Minuten lang.
Nichts ist mehr normal.

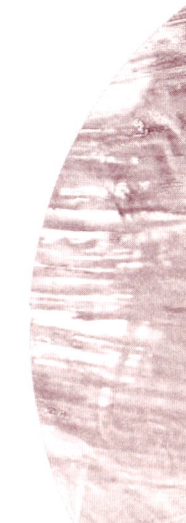

19

Es lohnt sich nicht

Am Samstag wollte ich dir helfen.
Als du Streit mit Papa hattest.
Du hast so geweint.
Er hat so geschrien.
Es hat mir weh getan.
In den Ohren.
Da zuerst.
Aber viel mehr noch innen drin.

Du hast mir leidgetan.
Ich wollte zu dir laufen.
Dich umarmen.
Dich festhalten und Papa wegschicken.

Aber dann hast du plötzlich geschrien.
Viel lauter als Papa.
»WOFÜR DENN BITTE?«, hast du gebrüllt.
»ES LOHNT SICH NICHT!«

Da hat Papa geweint.

Und ich bin nicht zu dir.

Ich war irgendwie gefangen zwischen dir und Papa.

Es hat mich fast zerrissen.

Am Ende habe ich euch beide alleingelassen.

Dich und ihn.

Es tut mir leid.

Frohsein

Mama sagt, ich bin ein Genießerchen.
Weil ich so langsam esse.
Das war schon als Baby so.
Aber ganz stimmt es nicht.
Ich genieße mein Essen nicht immer.
Schon gar nicht, wenn es Letscho gibt.
Da werde ich auch sehr langsam, aber sicher nicht wegen
dem Genießerchen in mir.
Mir graust's einfach.
Warum sollte man etwas essen, das einem nicht schmeckt?

Aber schmeckt dir denn wirklich GAR nichts mehr?
Kein Käsebrot?
Keine Banane?
Keine Nudeln?

Ich kann mir das so schwer vorstellen …

Bei den Süßigkeiten verstehe ich es am ehesten.
Dass du kein Eis mehr genießen kannst.
Oder Mozartkugeln.
Oder Waffelherzen.
Dann kriegst du wenigstens keine Karies.

Aber GAR nichts mehr?
Warum machst du das?

Vielleicht ist das alles nur ein riesiges Missverständnis.
Du bist einfach irgendwo falsch abgebogen und jetzt
findest du nicht mehr zurück.
Mama und Papa haben mir erklärt, dass das nicht leicht
für dich ist.
Du musst ja nicht gleich einen ganzen Teller Schweinsbraten
mit Knödeln essen.
Nur probieren.
Von Papas Erdäpfelpüree Spezial zum Beispiel, mit
gerösteten Zwiebeln.
Nur ein Mal.

Atmen

Weißt du eigentlich, dass Mama jede Nacht zu dir
gekommen ist?
Seit du die Tür versperrt hast, geht das natürlich nicht mehr.
Aber davor.
Jede einzelne Nacht.

Ich hole mir meine Gute-Nacht-Umarmung selbst ab.
Unten, im Wohnzimmer, wenn Mama Nachrichten schaut.
Ohne kann ich nicht gut einschlafen.
Ich finde, da ist es egal, wie alt man ist.
Die Umarmung gehört einfach dazu.
Für dich nicht?
Dir scheint das alles egal zu sein.

Ich weiß, dass man nicht eifersüchtig sein soll.
Ich bin auch nicht eifersüchtig.
Nur traurig.
Ich fühle mich unsichtbar.
Jedes Mal, wenn Mama an meiner Tür vorbeischleicht.
Bei deiner Tür stehen bleibt.
Immer erst, wenn dein Licht schon aus ist.
Zu mir ist sie nie gekommen.
Das Gefühl schneidet sich in mich rein.
Es tut weh.

Ich weiß, dass das blöd ist.
Sie hat dich ja nicht einmal umarmt.
Sie hat nur geschaut, ob du noch atmest.

Glück

Irgendwie habe ich das Gefühl, du magst gar nichts mehr.
Was kann dich noch glücklich machen?
Die Wintersonne?
Kurzärmelig im Schnee auf dem Dach zu sitzen?
Purzelbäume im Tiefschnee zu machen?
Laut Musik zu hören und mitzusingen?

Ich weiß gar nicht mehr, wie dein Lachen klingt.
Es existiert nur noch auf deinem Handy.

10 Gründe, warum es sich doch lohnt

Tiefschneepurzelbäume
Sommerregenwassersprünge
Achterbahnkonzerte
Schokostreuselmilchschaum
Katzenvideolachanfälle
Eiswasserprickelhaut
Kirschcremeküchlein
Flauschhundebauchfell
Einkaufswagerlslalom
Klettenzielwerfen
Mitternachtseulenrufe
Heuhaufenhüpfen
Zimtzwetschkenkompottgaumen
Lagerfeuerknisterwärme
Faschingsschminkfarbenduft
Schmeichelzarte Pferdenüstern

Jetzt sind es viel mehr als zehn geworden ...

Und ich?
Bin ich ein bisschen ...
Ich weiß nicht.
Könnte ich vielleicht auch ein Grund für dich sein?

Barbara-Ann

Ich weiß noch genau, wie du Anne kennen gelernt hast.
Ihr habt die ganze Zeit dieses Lied gesungen.
Das englische, das auch auf Mamas uralter Auto-CD ist.
»Ba-ba-ba«, hast du begonnen.
»Bar-ba-ra-Ann«, hat Anne weitergesungen.
Und dann habt ihr zu zweit losgedröhnt:
»Bar-ba-ra-A-a-aaann!«
Den ganzen Tag.
Immer dieses Lied.
Immer nur den Anfang vom Refrain.
Es war unglaublich nervig.

Du hast gesagt, ich soll mich nicht künstlich aufregen.
Das sei eure Hymne.
»Jedes Dream-Team braucht eine Hymne«, hast du gesagt.
Und ihr beide wärt der Traum eines jeden Dream-Teams.
»Mit Anne bin ich komplett«, hast du gemeint.

Barbara

Du hast den schöneren Namen.
Das habe ich immer schon gefunden.
BARBARA.
Nur 3 verschiedene Buchstaben, perfekt aneinandergereiht.
3 Selbstlaute.
4 Mitlaute.

Aller guten Dinge sind drei.
Und Elemente gibt es vier.
Macht zusammen sieben.
Die sieben Weltwunder.
Die sieben Wochentage.
Die sieben Zwerge und die sieben Geißlein.

Sieben ist eine heilige Zahl.
Das hast du mir erklärt.
Die Sieben ist vollkommen.
Ich dachte, ich weiß, was du meinst:
Dass DU vollkommen bist.
Dass bei dir alles stimmt.
Aber gar nichts stimmt.

Bevor du Anne getroffen hast, warst du ganz.
Und dann warst du nur noch die Hälfte von etwas.

Ein Puzzleteil.
Und deine Hälfte ist kleiner geworden.

Und kleiner.
Und kleiner.
Und kleiner.

Barbara?

Ich habe Angst.
Bitte.
Verschwinde nicht.

Schuld

Bin ich schuld?
Du kannst es mir ruhig sagen.
Mama meint, das ist Blödsinn und ich darf nicht so denken.
Aber man kann niemandem sagen, was er denken soll.
Ich bemühe mich ja, aber die Gedanken gehen einfach nicht
weg.
Ob du wegen mir falsch abgebogen bist.
Ob ich schuld bin, weil ich gesagt habe, dass Katrin dick ist.

Dabei habe ich nur gemeint, dass sie nicht so gut klettern
kann.
Sie kann sich einfach nicht so gut bewegen.
Kommt die Stange nicht hoch.
Vielleicht mag sie Klettern auch einfach nicht.
Kann ja sein.
Oder vielleicht hat sie Höhenangst.

Oder war es, weil ich gesagt habe, dass ich das rote Kleid will?
Dass es dir viel zu klein ist und dass das blöd aussieht?

Es war nur ...
Ich wollte das Kleid so gerne haben.
Seit Mama es dir geschenkt hat.
Ich war neidisch.

Das Kleid ist so schön und elegant und ... fröhlich.
So wollte ich mich auch fühlen.

Ich wollte das Kleid einfach gerne haben.
Das ist alles.
Es tut mir schrecklich leid.

Spiderman

Bei dir sieht alles so mühelos aus.
Egal was.

Du segelst vom Zehnmeterturm.
Du gleitest durch den Tiefschnee.
Du schlängelst dich durch Menschenmengen.
Du kletterst geschmeidig im Überhang.
Ich habe dich immer bewundert.
Wie du dich bewegst ...

Lass dir doch helfen.
Bitte.
Ich will, dass dein Körper wieder klettern kann.
Dass er wieder alles kann, was dir so viel Freude gemacht hat.
Hab keine Angst.
Ein Körper, der stark genug ist für alles, was Spaß macht –
was kann denn DARAN falsch sein?

Menü

Weißt du noch, dein Fünf-Gänge-Menü?
Fünf Gänge, fünf Sterne.
Du hast sogar Servietten gefaltet.
Du hast Tischdeko gesammelt, im Wald.
Und extra Musik zusammengestellt.
Das Essen war köstlich.
Die Suppe cremig und würzig.
Das Gemüse knackig.
Das Menü bunt.
Es war ein Feuerwerk.
Rohnenrot, Kürbisorange, Rübengelb.
Zucchinigrün, Zwetschkenblau, Ziegenkäseweiß.

Du bist eine Künstlerin.
Es war wie im Restaurant, nur besser.
Du bist zwischen Küche und Esszimmer hin und her gewirbelt.
Alles war perfekt.
Ich habe noch nie so gut gegessen.
Mit den Augen und den Ohren und dem Mund.

Ich war so voll innen drin!
Vom Essen und vom Glück.
Ich dachte, jetzt ist alles wieder gut und du bist zurück.
Ich dachte wirklich, ich habe meine Schwester zurück.

Aber dann ist mir aufgefallen, dass du dich nicht
gesetzt hast.
Du bist nie mit uns beim Tisch gesessen.
Du hast nichts gegessen.
Keinen einzigen Bissen.

Ihr dachtet, ich hätte keinen Platz mehr für die Mousse
au Chocolat.
In Wirklichkeit hatte ich keinen Platz für all die Gefühle.
Enttäuschung.
Wut.
Traurigkeit.
Mutlosigkeit.

Ich hatte versprochen, dir beim Abwaschen zu helfen.
Du bist selbst schuld, dass du am Ende alles allein
machen musstest.

Hunger

Mama hat mir ihre alte Handtasche geschenkt.
Ich wollte sie unbedingt, obwohl sie so schäbig aussieht.
Sie hat überall braune Flecken.
Die kommen von den vielen zerquetschten Bananen.

Ohne Banane hat Mama das Haus nicht verlassen,
hat sie erzählt.
Wir waren beide Hungergrant-Kinder.
Sobald wir ein bisschen hungrig waren, kam der Grant.
Von einem Moment auf den anderen waren wir gereizt.
Streitsüchtig.
Dünnhäutig.
Aber eine halbe Banane für jeden und die Welt war
wieder in Ordnung.
Wenn der Hunger weg ist, verschwindet der Grant.
So war das.

Nur jetzt ist es umgekehrt bei dir.

Jetzt ist der Hunger weg und der Grant ist geblieben.
Tagein, tagaus.

Ich wünsche mir deinen Hunger zurück.
Den Hunger auf Bananen.
Und den Hunger aufs Leben.

Anne

Es ist nicht so, dass ich Anne nicht mochte.
Das darfst du nicht glauben!
Ich verstehe, warum du ihre Freundin sein wolltest.
Sie hat alles nicht so ernst genommen.
Schularbeiten.
Tests.
Wer mit wem geht – und wer nicht.
»Peace, love and Rock 'n' Roll«, hat sie gesagt.
Daneben zählt nichts im Leben.

Ich habe Anne auch spannend gefunden.
Die vielen Piercings.
Die rasierten Stellen auf ihrem Kopf.
Ihre Kleider, die man so nirgends kaufen kann.

Ich verstehe, dass du ihre Freundin sein wolltest.
Aber sie war nicht deine Freundin.
Keine echte.
Wahre Freunde sind ehrlich miteinander.
Und Anne war nicht ehrlich zu dir.
Es stimmt nicht, dass nichts zählt.
Schon gar nicht für Anne.
Sie hat ALLES gezählt.

Wie viele Teelöffel Kamillentee in einer Tasse sind.
Wie viele Bissen man für ein Stück Gurke braucht.
Wie viele Leinsamen auf den Dinkelflocken kleben.

Kampfschrei

Einmal habe ich dich erwischt.
Im Keller, in deinem seidenen Morgenmantel.
Es war ganz am Anfang, als du noch Energie hattest.
Als du noch ins Tanztraining gegangen bist und zum Fußball.
Auf dem Ellipsentrainer hing ein Handtuch.
Ich weiß nicht, wie lange du trainiert hast.
Du warst schon duschen und hattest die Haare geföhnt.
Aber das Handtuch hat dich verraten.
Es war schweißnass.

Du hast dich vor den Spiegel gestellt, ganz nah.
Und dann hast du geschrien.
Es hat mich an Ronja Räubertochter erinnert.
An ihren Frühlingsschrei.
Oder an das Räuberhäuptlingslied.
Aber das war kein Frühlingsschrei und kein Kampfschrei.
Dieser Schrei ...
Alles in mir hat zu zittern begonnen.
Außen und innen und rundherum war Gänsehaut.
Ich wollte weglaufen und konnte doch nicht.

Dieser Schrei ...
Was war das, Barbara?
War das ein Hilfeschrei?

Wie kann ich dir denn helfen?
Bitte sag mir doch, was ich tun soll.
Ich tue alles für dich.
Alles.
Bitte sag nur, was.

10 Dinge, die du schrecklich findest

Topfpflanzengießen
Staubsaugerbeutelentsorgen
Stilettotussis
Aktentaschenangeber
Kuhmilchhautfilm
Science-Fiction-Filme
Kletterrosenduftsüße
Zigarettenrauchwolken
Trockenhaubenfriseurgequatsche
Sprudellimos
Busen

Busen

Anne war das mit dem Busen.
Sie hat gesagt, Brüste sind Ballast.
Dicke Ballons, die alles schwer machen.
Den Körper.
Das Leben.
Reden mit Jungs.
Du hast genickt.
Ja, hast du gesagt.
Ja, ich habe mich nie an die lästigen Dinger gewöhnt.

Also ich finde Busen schön.
Da gibt es dieses eine Foto auf Mamas Nachtkästchen.
Wo du dich als Baby an ihren Busen kuschelst.
Deine Wangen sind ganz rot.
Deine Hand liegt auf Mamas Haut.
Deine zweite Hand klammert sich an Mamas Bluse.
Ihr schaut einander an, Mama und du.
So, als gäbe es sonst nichts auf der Welt.
Nichts Wichtigeres zumindest.
Nichts, außer euch beide.

Das ist das schönste Foto, das ich kenne.
Das schönste, das ich je gesehen habe.

Dein Gesicht.
Wie du Mama ansiehst, sie festhältst ...

Ich hab noch keinen Busen.
Aber wenn ich einen kriege ...
Dann werde ich mich dran gewöhnen.

10 Dinge, die dich immer zum Lachen gebracht haben

Wortwitze – auch die schlechtesten.
Wenn Papa unter der Dusche singt.
Katzenvideos, Katzenvideos, Katzenvideos.
Das Lied ...
Dieses eine Lied – wie heißt es?
Das mit »Aurélie, so klappt das nie«.
Und Damians selbstgemachte Spruch-Shirts.

Aber am besten kannst du über dich selbst lachen.
Das liebe ich an dir.

Zerkugeln

Hast du das Video bekommen, das Damian und ich dir
gestern geschickt haben?
Du kennst es.
Das eine, wo die Katze von der Couch aufs Fensterbrett
springt.
Springen WILL.
Und dann stürzt sie ab.
Genau dazwischen, voll gestreckt.
Wie ein Batman-Bettvorleger.

Hast du jemals gezählt, wie oft wir es damals gesehen
haben?

Gleich am ersten Tag bestimmt dreißig Mal oder mehr.
Wir haben so gelacht, dass ich mir fast in die Hose
gemacht habe.

Du kannst dich bei so was richtig zerkugeln.
Ich liebe es, dir dabei zuzusehen.
Wie du dir den Bauch hältst.
Wie deine Backen rot werden und deine Augen feucht.
Wie du nach Luft japst.
Wie du tief ein- und ausatmest, mit Geräusch.
Wie das Lachen von vorne startet.

Von ganz tief in dir drin.
Da muss man einfach mitlachen.
Es geht gar nicht anders.

Ich glaube, das waren meine Lieblingsmomente mit dir.
Sind ...
Ich weiß auch nicht.

Kaputt

Anne hat uns das Video kaputt gemacht.
Ich weiß nicht, ob du es bemerkt hast.
– Hast du?
Du hast dir zumindest nichts anmerken lassen.
Oder es war dir egal.
Ich habe mich nur nicht getraut, etwas zu sagen.
Aber innerlich habe ich gefaucht und gekratzt.
Ich war so wütend.
Wie kommt sie dazu?
Wie kommt sie dazu, zu sagen, die Katze wäre selbst schuld?
Sie wäre einfach zu FETT?
Was hat DAS denn damit zu tun?
Was hat das mit IRGENDETWAS zu tun?

Sie hat alles kaputt gemacht.

Ich weiß, ich soll nicht mehr so über sie denken.
Aber ich kann einfach nicht anders.

Sie hat alles kaputt gemacht.

Was ich gerne mit dir unternehmen würde

Klettern – alle Routen auf der Anfängerwand, jede Farbe.
Und dann die schwierigeren.
Und Rad fahren.
Ich möchte mit dir die Donau entlangradeln.
Den ganzen Fluss, von Anfang bis Ende.
Ich will in einem Zelt schlafen.
In einem kuscheligen Schlafsack, der nach Abenteuer riecht.
Und nach Lagerfeuer.
Wir könnten am Campingkocher Kakao kochen.
Und in Rumänien würden wir ins Schwarze Meer springen.

Ich möchte sturmfrei haben.
Mit dir frühstücken, bis in den Nachmittag hinein.
Am Dach sitzen und die Beine baumeln lassen.
Ganze Nächte lang.

Ich möchte dich lachen sehen, so wie früher.

Schlaf

Ich glaube, du würdest gut schlafen in unserem Zelt.
Wir würden da liegen und den Wald hören.
Käuzchenschreie.
Bachplätschern.
Wipfelrauschen.
Regen, der aufs Zelt prasselt.
Der Wald würde uns ein Schlaflied singen.
Ich würde deine Hand festhalten, damit du dich sicher fühlst.

Vielleicht könntest du dann sogar durchschlafen.
Die ganze Nacht.
Ohne Sit-ups.
Ohne Hüftroller.
Ohne Klappmesser.
Ohne Hampelmänner.
Ohne dieses ständige Knurren im Magen.

Wir würden einfach schlafen.
Und am Morgen wäre alles gut.

Nachricht

Gestern war ich bei Damian.
Es war schon das zweite Mal.
Ich weiß nicht, ob dir das recht ist.
Aber Damian hat mir geholfen.
Ich wollte herausfinden, von wem das Video ist.
Irgendwer muss es ja ins Internet gestellt haben.
Irgendwer muss wissen, wer es gefilmt hat.
Ich wollte mich nach der Katze erkundigen.
Ich weiß auch nicht, wieso.
Irgendwie war das plötzlich so wichtig ...

Damian hat tatsächlich das Originalvideo gefunden.
Am Wochenende schon.
Er hat mir gezeigt, wie man drunterschreiben kann.
Unter das Video.
Das geht nämlich.
Die meisten Leute schreiben Kommentare.
Aber man kann auch Fragen stellen.

Gestern haben wir dann Antwort bekommen.
Von einer Frau aus England.
Sie ist wirklich nett.
Sie hat mir ein Foto von der Katze geschickt.
Und weißt du was?

Die Katze hat ein Glaukom.
Das ist Grüner Star.
Die Katze hat nicht zu viel Gewicht, Barbara.
Sie ist BLIND.

Schlechtes Gewissen

Ich wäre gerne ein besserer Mensch.
Das wäre schön.
Wenn ich Anne vergeben könnte.
Zumindest jetzt.
Wo doch nichts mehr zu ändern ist.

Manchmal geht's mir nicht so gut deswegen.
Gestern hatte ich den ganzen Tag Bauchstechen.
Und heute in der Früh dachte ich, ich muss mich übergeben.
Vielleicht ist das mein schlechtes Gewissen.
Kann einem deswegen schlecht werden?
Aus schlechtem Gewissen?

Ich weiß nicht, was ich tun soll.
Glaubst du, das bleibt für immer?

Hast du einen Rat für mich?
Barbara?
Weißt du einen Rat?

Kampfschminke

Schon wieder die Spülung.
Das ist jetzt schon das dritte Mal, oder?
Das ist bestimmt Papa.
Wie immer, wenn er vor etwas Angst hat.
Ständig am Klo und dazwischen trommelt er.
Finger auf Tisch, Fuß auf Boden, Besteck auf Teller.
Ununterbrochen.
Mama hat auch Angst.
Den ganzen Tag schon schießt sie durchs Haus.
Immer von einem Zimmer ins nächste, ohne je stillzustehen.
Sie glaubt, man merkt ihr nichts an.
Dabei sieht man es schon von Weitem:
Sie trägt Grauglitzeraugen und lila Lippenstift.
Ihre Kampfschminke.

Ich fürchte mich nicht.
Eigentlich weiß ich gar nicht, was ich fühlen soll.
Ich weiß auch nicht, was ich anziehen soll.
Wahrscheinlich was Schwarzes, oder?
Glaubst du, mein graues Kleid geht auch?
Das gestrickte?
Und die roten Schuhe dazu?
Oder geht das nicht?

Was trägst du?

Ich würde dich so gerne sehen.

Erstes Mal

Das ist mein erstes Mal heute.
Ich war noch nie auf einem Begräbnis.
Bei Oma war ich noch zu klein.
Und sonst leben ja Gott sei Dank noch alle.
Also – entschuldige bitte.
So war das nicht gemeint.
Nur von unseren Großeltern ...

Auf jeden Fall bin ich nervös.
Ich dachte zuerst, es würde mir nichts ausmachen.
Aber seit gestern kann ich an nichts anderes mehr denken.
Wie verhält man sich auf einem Begräbnis?
MUSS man weinen?
Oder besser nicht?
Was sagt man, wenn andere weinen?
Was sagen wir zu Annes Familie?

Das Ende

Möchtest du immer noch so sein wie Anne?
Willst du das wirklich?
Ganz tief in dir drin?
Selbst jetzt, wo du das Ende kennst?

Beginn

Wir müssen noch unsere Wintermäntel aus dem Keller holen.
Der Wind bläst ziemlich stark.
Auf dem Friedhof wird es kalt sein.

Soll ich dir deinen Mantel mitnehmen?

Barbara?
Kommst du?

Bitte komm mit.
Bitte lass mich da nicht alleine hingehen.
Bitte lass mich nicht allein.